Schwäbischer
Schimpf-Spruchbeutel

Schwäbischer Schimpf-Spruchbeutel

Gefüllt von Carl Zäpfle

Mit Zeichnungen von Björn Locke

Silberburg·Verlag

Carl Zäpfle, das ist **Hartmut Ronge**, Jahrgang 1958, in Stuttgart groß geworden, selbständig in der Werbebranche und vielseitiger Sachbuch- und Mundartautor. Er arbeitet für Agenturen, Unternehmen und Verlage im Bereich Idee, Konzeption und Text. Ronge lebt mit seiner Frau und zwei Kindern in Stuttgart-Weilimdorf.

1. Auflage 2015

© 2015 by Silberburg-Verlag GmbH,
Schönbuchstraße 48, D-72074 Tübingen.
Alle Rechte vorbehalten.
Gestaltung und Satz: Björn Locke, Nürtingen.
Druck: CPI books, Leck.
Printed in Germany.

ISBN 978-3-8425-1403-4

Besuchen Sie uns im Internet und entdecken Sie die Vielfalt unseres Verlagsprogramms:
www.silberburg.de

Ihre Meinung ist wichtig …

… für unsere Verlagsarbeit. Wir freuen uns auf Kritik und Anregungen unter:

www.silberburg.de/Meinung

Inhalt

Vorwort

Das Schönste für einen waschechten Schwaben ist doch, wenn er was Gscheits zum Schimpfen hat. Man soll ja nix verdrucken – alles muss raus, dann gehts einem scho glei viel besser! Hier ist das passende Rüstzeug dazu.

Schimpfen, bruddeln, maulen, motzen, meckern – es gibt viele Nuancen zu schelten. Und noch mehr Gelegenheiten, die ein Schwabe täglich emmer wieder gern ergreift: Zuhause oder auf der Gass, gegen Freund oder Feind, innerhalb der Familie oder gegen die Obrigkeit, gegen Einheimische oder Außerschwäbische.

Ob er recht hat oder nicht, Angriff ist die beste Verteidigung. Hauptsach isch, er kann loswerden, was ihm auf der Zunge liegt. Ob gradheraus oder hendarom, laut oder leise, lieb, derb oder witzig – der Schwabe ist beim Schimpfen überaus kreativ, übertreibt gerne mal ein bisschen und lässt sich immer wieder Neues einfallen.

In diesem Band findet sich ein ganzer Sack voll neuer interessanter Sprüche und humorvoller Ausdrücke, aber auch viel Altes und Bewährtes.

Für echte Schwaben gilt: Schimpfen macht den Schädel frei und bringt verbrauchte Energie sofort zurück. Oft raucht es kurz und heftig, dann ist es aber auch schon wieder gut. Für Außenstehende klingt vieles nicht ganz stubenrein. Meistens hört es sich jedoch brutaler an, als es eigentlich gemeint ist, oft ist es aber auch genau anders herum. Ein Halbdackel beispielsweise ist die Steigerung von Dackel – und es gibt noch viele weitere interessante Arten des Schimpfens, da ist man im Ländle sehr flexibel. Auch Scherzen, Stänkern, Mosern, Drohen, Ärgern, Beschweren oder sogar Loben gehören mitunter dazu.

Die große Kunst ist jedoch, nicht nur zur rechten Zeit am rechten Ort zur richtigen Person und im richtigen Ton den passenden Spruch anzuwenden, sondern es selbst auch aushalten zu können, wenn man Entsprechendes gesagt bekommt. Entweder man hört es und lächelt, man verdruckt's oder man antwortet umgehend – und setzt noch einen drauf. Dank dieser Sammlung sollten einem jetzt also so schnell nicht die Worte ausgehen.

Ein Beutel, prall gefüllt mit typisch schwäbischer Schimpfkunst. Ein Buch, das Spaß macht und auf den Geschmack bringt. Viel Spaß beim Lesen und beim richtigen Anwenden des Gelesenen.

Zu Risiken und Nebenwirkungen fragen Sie Ihren Arzt oder Apotheker.

Ihr Carl Zäpfle

A bissle bleed isch ja niedlich – aber du bisch wirklich zuckersiaß!

Scheene gschempfte Beleidigonga

Du verscheenersch jeden Raum.
Beim Nausganga.

Du bisch so iiberflissich wie a Sandkäschdle en dr Sahara.

Dädsch du für mi bis ans End von dr Welt ganga? Ond dädsch da ao bitte bleiba?!

ALS KEND HOT DIR DOCH DEI MUADR A KOTLETT OMGHENGT, DAMIT WENIGSCHDENS D'HOND MIT DR SCHBIELET.

Bei deinera Geburt muaß doch dr Dokter gschria han: »Schnell en Hammer her, sonscht wird's a Fahrrädle!«

Du hosch aber au a Problem für jede Lösong!

Hen dich deine Leit eigendlich nie drom bäta, von drhoim wegzomlaufa?

Scheene gschempfte Beleidigonga

D' INDELLIGENZ LAUFT DR HENDERHER.
ABER DU BISCH SCHNELLER.

Deine Eltra wäret selligsmol
besser die fempf Minuta
schbatziera ganga!

**'s Denka isch zwar älle Menscha erlaubt,
aber dir bleibt's erspart.**

*Du bisch ja dümmr als Müllers Gaul,
und sell isch en Esel gwä.*

HALT'S MAUL OND VERSCHDECK DE!
MORGA ISCH WIEDER SCHBERRMÜLL.

Dai Gsicht sieht aus,
als hättsch dren gschloofa.

**Wenn Dommheit kloi macht,
no kaasch du no mit Schdelza ondrm
Debbich laufa.**

Scheene gschempfte Beleidigonga

Du bisch ja net ganz bacha!

DICH HEN SE AO BEIM
BEDDAMACHA GFONDA!

Am beschda, du kaufsch dir a Schdriggle
ond verschiesch'de an ra Schdell,
wo dr Necker am diefschda isch.

**Dich zom meega isch a Talent,
des net jeder hot.**

Gohts dir guat? Weil, schee bisch net!

DAI MUADER KA WIEDER
BEI ONS BUTZA KOMMA, MIR HEN
DES GELD GFONDA.

Du bisch so obeliebt, zu dir käm net amol
a Bummerängle freiwillich zrick.

Lauf dai Schdreck!

Scheene
gschempfte
Beleidigonga

**Di schlag i ogschbitzt en dr Boda nei,
dass de s liabe Herrgöttle mit dr Beißzang
wieder rauszieha muaß!**

*Dir dabbe glei granadamäßig
en Arsch nei.*

I han echt koi Ahnong,
was dich so bleed macht —
aber 's funktioniert subber!

Dir hao i uff dai freche Gosch,
dass dr d'Zeeh em Galopp dr Hals
na kläppret!

**So erdaschlecht wie du di
aschdellsch, ka dees ja nix werda!
Da hilft älles bäda nix!**

Du hosch a Visaasch zum Oier abschrecka!

Mogsch wissa, wie mr bescheierte Kendr
macht? Frog dein Vaddr!

Scheene gschempfte Beleidigonga

Dir schlage d'Laif ab, dass de uff de Schdomba hoimquaddla muasch.

Net bewega! I mecht de genao so vergessa, wie de jetz bisch!

DU BISCH BLEED WIE ZWOI REIHA KOPFSALAD.

Steig mr doch en Dasch!

Dir dräh i glei dr Zenka rom, dass' neirägnt.

Wenn i dir ois rota derf: Wenn de s nägschde Mol deine Klamotta wegwirfsch – lass se a!

DU BISCH SO HOHL EM GREND, DU WÄRSCH FIER D'VEEGL A GUATS NISCHTKÄSCHDLE.

Nix gega daine Fiaß, aber Gurga kheret ens Glas!

Scheene gschempfte Beleidigonga

Du bisch so dabbich, du schdolbersch sogar über a kabellos' Telefo.

Oiner von ons zwoi isch bleeder als i!

Schwätz no so lang weiter, bis dr ebbes eifallt!

Du kaasch ja mol vorbeikomma, uff onsrer Schdrooß sen no a paar Schlaglecher frei.

Halt dai Gosch oder schwätzes en en Sack ond loin en vor mei Dier.

Du bisch zu wohr, om schee zom sai.

Deine Eltra hen a schwere Kendheit ghet. Deine!

Noi, du bisch net bleed. Du hosch bloß Pech beim Denka.

Scheene gschempfte Beleidigonga

**Traim net dei Läba,
sondern nemm deine Tabletta!**

*Wenn Bleedheit bremsa däd,
kämsch du dr ganze Daag net
dr Berg ronder!*

DEI GSICHT OND MEI ARSCH,
DEES GÄB A GUATS WAFFLEISA.

Du schdengsch so aus dr Gosch,
dass sich d'Leit iiber deine Firz freiat.

**Wenn du denka dädsch vor em Schwätza,
hättsch net so viel zom Saga.**

*Du hosch zwoi Fähler:
Du läbsch. Ond du dusch nix dagega!*

WOROM HOSCH SO VIELE SPREISSL
AM FENGER? KRATZSCH DU DICH SO OFT
AM MEGGL?

Scheene gschempfte Beleidigonga

DU HOSCH ZEE EM MAUL WIE D'SCHDERN
AM HEMMEL. SO GELB OND SO WEIT
AUSANANDER!

Donderladdich noch amol. Du
Kimmichschpalter hosch doch en Schbarra!

**Zähl amole bis zwanzich – i brauch a halbs
Schdündle mei Ruh.**

*Du siehsch aus, wie wenn deine Eltra domols
koin rechta Schbaß ghet hettet.*

OHNE MEGGL WÄRSCH DU AU SCHEENER.

Komm, sei so guat ond schenk mr
a Foddo von dir. I samml nämlich
Nadurkadaschdrofa!

**Du hoschs halt guat! Wenn du amol
dein Leffl abgibsch, no brauchsch
wenigschdens dein Goischt nemme uffgeba.**

Scheene gschempfte Beleidigonga

HA DU KAASCH NET GANZ SAUBER SEI!
WARET DEINE ELTRA EIGENDLICH
MITANANDER VERWANDT?

A bissle bleed isch ja niedlich –
aber du bisch wirklich zuckersiaß!

Sag amole, langweilsch du di au so wie mi?

Gmeckert ond bruddelt · Kloine Weisheita

A bissle domm isch jeder,
aber so domm wie mancher isch koiner.

**Bei dene glotzet d'Mäus mit verheulte Auga
aus dr Brotschublaad.**

*Mr secht nemme »domm« oder »bleed«,
sondern »Perso mit gedrosslter Leischdong«.*

WENN DE GSCHEMPFT WERDA
WILLSCH, MUASCH HEIRATA.
WENN DE GLOBT WERDA WILLSCH,
MUASCH SCHTERBA.

Beim Schaffa friera ond beim Essa schwitza,
dees sen mir die Rechde!

**Liaber heimlich gscheit
wie oheimlich domm.**

*Em April hot's dr Herrgott am beschda.
Da ka'rs Wetter macha, wie'r will.*

Gmeckert
ond bruddelt ·
Kloine Weisheita

Mr ka net scheissa ond
Kraut hacka uff oimol.

's Schaffa ghert abgschafft,
dass mr endlich Zeit hot fier
a aschdändigs Gschäft!

**Wenn's net so ernscht wär,
däd i Breggela lacha!**

Ema Zuagucker isch koi Ärbet zviel.

Wemmer no reich wäret –
arm werdat mr schnell wieder.

Fleiß ka mer vordäuscha, faul muaß mr sei.

**Liaber beim Essa 's Maul verbrenna
als anderschwo.**

*Mr muaß viel lerna, bis mer woiß,
wie domm mer isch.*

WENN DR BAUER NET SCHWEMMA KA,
NO ISCH HALT SEI BADHOS SCHULD.

Mit volle Hosa isch guat schdenga!

**Für manche Leit bräuchtesch
grad en »I kotz glei«-Bäbber.**

*Wa deen denn dia do danna en denne
Dennela denna? Deen die schnaggla?*

LANG LÄBA WELLAT ÄLLE,
BLOSS ALT WERDA NET.

A alte Kuah vergisst gern,
dass se ao amol a Kälble gwä isch.

**Geizige Leit isch schlechd wäscha,
die reit sogar dr Drägg.**

*Kleckert isch au gschissa,
bloß net uff en Haufa.*

Gmeckert ond bruddelt · Kloine Weisheita

**Des bleede am Läba isch,
dass au Arschlecher mitmacha dirfet.**

*Liaber reich ond xond
als arm ond krank.*

'S LÄBA KA SO SCHEISSE SEI.
MR MUASS SICH BLOSS MÜHE GEBA!

Wenn de heiratesch, bisch *nemme* alloi.
Aber au nia meh *alloi*.

**Liaber hongrich ens Bedd
als mit Schulda uffschtanda.**

*Am Neschd ka mr seha,
was fier en Vogel dren haust.*

MR KA KOIN FURZ UFF A BRETTLE NAGLA.

Herasaga isch scho halber gloga.

Gmeckert ond bruddelt · Kloine Weisheita

DE ALDE SECHT MR NET ÄLLES,
OND DE JONGE BRAUCHET NET ÄLLES WISSA.

Hirn em Grend isch scho ebbes Gscheits.
Wär net schlecht, wenn älle ois häddet.

**Weibersterba isch koi Verderba,
aber Kuahverrecka, des isch en Schrecka.**

*Koi Wonder hen die Arme nix –
die kaufet ja au nix.*

MIT EM WAI ISCH'S WIE MIT DR POLIDIG:
MR MERGD ERSCHD HENDERHER, WELCHE
FLASCH MR GWÄHLD HOT.

Liaber hälenga gscheit wie oheimlich domm

Moina derf mr – aber net moina, mr derf!

*Wemmer no xond isch ond guate Schuah hot,
dass mr dr Ärbet drvolaufa ka!*

Gmeckert ond bruddelt · Kloine Weisheita

**'s isch besser, mr derf nemme
hoimkomma, als mr derf nemme fort.**

Net gschompfa isch globt gnuag.

'S GLICK ISCH A RENDVIEH
OND SUACHT SEINESGLEICHA.

Wenn du dei Nas in mein Arsch stecksch,
no han i a Nas em Arsch ond du a Nas em
Arsch – aber i ben relativ besser dra!

**Liaber en guata Nochber
als en weita Fraind.**

Mr lobt koin, außr er brauchts.

WER NIX GLERNT HOT,
KA AO NIX VERGESSA.

En mancha hält mr fier fett,
drbei isch'r bloß gschwolla.

Gmeckert ond bruddelt · Kloine Weisheita

Vo ma Ochsa ka mer net meh verlanga
wie a guats Schdickle Rendfloisch.

Wüascht werdet se älle,
aber Sach bleibt Sach.

Liaber z'viel essa als z'wenig trenka.

En dr Ehe isch wie em Reschdaurant:
Du denksch emmer, du hosch drs Beschde
rausgsuacht, bis de siehsch,
was dei Nachber kriegt hot.

I ka drs saga ·
Fiese Antworta

Du kaasch ja Recht han.
Aber mei Meinong gfallt mr besser!

**I ben net schichtern –
i mog wirklich net mit dr schwätza!**

*Am Sonndich han'e a weng Zeit.
No probier i mol, drieber zom lacha ...*

BASS UFF, SONSCHT LANGT DEI ZAABIRSCHD
MORGA ENS LEERE.

Des kaasch halta wie der uff em Dach!

**Ach komm, bevor i mi wieder uffreg,
isch mrs liaber scheißegal!**

Glei bogglds!

DEES ENTRESSIERT MI SO WENIG
WIE D'KRABBA DR SONNDICH.

Bevor de froogsch: Noi!

I ka drs saga ·
Fiese Antworta

Des braucht di net jucka!

I ben doch net dei Geherdale!

DES ISCH EN ALDER KÄS,
WAS DU DO SCHWÄTSCH!

Desmol glaub i dir no, aber 's nägschde Mol
liagsch me nemme so a!

**Wenn i sag, i rebarier dees, no rebarier
i dees! Du musch mi net äll Vierteljohr
dra erinnra!**

Ois uff'd Brezl? Grad mach i's Maul zua!

MACH NO WEITER SO!
DU HOSCH BLOSS OI LÄBA –
BLAMIER' DE, SO OFT DE KAASCH!

Jetz lass me halt ausschwätza,
wenn i di onderbrech.

Am Arsch sen Bolla!

I ka drs saga ·
Fiese Antworta

Du bisch aber ao net grad
die hellschde Kerz am Baum!

Noi, du bisch net bleed.
Du siehsch bloss so aus!

Bisch du no ganz bacha?!

Gang mr net uff dr Senkel!
Dei Romgegosche macht me kreiznarret.

Des hosch jetz drvo!
Hoschs ja net anderscht wella!

I däd mi ja entschuldiga.
Aber s dud mr oifach net loid.

Du muasch no viel lerna,
bis de woisch, wie domm de bisch.

Mr sott net fliega wella, eh mr Fedra hot!
Jetz hosch dr Salad.

I ka drs saga •
Fiese Antworta

DU VERWECHSELSCH MI SICHER MIT EBBER,
DEN DES ENTRESSIERT ...

Falls i di beleidicht han sott,
däd mi des aufrichtig ... freia!

Glei batschtz – aber koin Beifall!

Ha isch doch aber au wohr!

I BE NET ZICKICH! DU MACHSCH
BLOSS NET DEES, WAS I MECHT!

Du bisch doch net ganz hell en dr Kapell.

**Noi, i ben net daub oder schwerheerich.
I ignorier de oifach!**

Dees war i fei net! Sell war scho so!

I HAN SELBER EN ARSCH.
I BRAUCH NET NOMMEL OIN.

Was wohr isch, muaß wohr bleiba!

I ka drs saga ·
Fiese Antworta

**Ja, schwätz oifach weiter, wird scho bald
amol ao ebbes Gscheits drbei sai.**

*Kaasch gern wieder komma,
wenn de mol weniger Zeit hosch.*

MI NET MEEGA MACHT DI
AU NET SCHEENER.

**Zu meinera Verteidigong:
Des isch älles dai Schuld!**

*Mit em Verschtändnis isch aus!
Ab jetz gibt's Konsequenza!*

I GLAUB, BEI DIR HACKTS!

Willsch d'Wooret oder ebbes Schees heera?

*Des macht iiberhaupt koin Senn mit dir zom
streita. Du hosch ja doch emmer Orecht!*

Über d'Fraua schempfa ond herzieha

A Weiberzong isch wie a Kuahschwänzle,
ond sell schtoht nie still.

**An de Händ von ra Frau kaasch
en Haufa über ihr Schdemmong ablesa.
Hält se zom Beischbiel a Bischdool en de
Griffl, isch se wahrscheins wütend.**

*Uffbassa! Ao wenn se siaß ond niedlich
aussehn: Fraua sen ond bleibet Raubdier!*

AUS MA BÄSASCHDIEL KA MR NET GUAT
A FLÖT SCHNITZA.

Bei dera musch emmer arg uffpassa – wenn
die dr Rappel packt, no wird se gfährlich.

**D'Weiber hen ällaweil rechd –
bsonders die mei.**

Des isch amol a daube fette Blonz.

SEIT I DIE KENN, WOISS I WIE SCHEE
SCHDILLE SEI KO!

Über d'Fraua
schempfa
ond herzieha

WENN DE MIT RA FRAU DISKUTIERSCH, HOSCH
BLOSS ZWOI MEEGLICHKEITA: ENTWEDER SE
HOT RECHT ODER DU HOSCH ORECHT.

Wenn die d'Gosch uffmacht,
no isch scho gloga!

**So en alter Dampfhafa! Dera ihr bleeds
Parfiem isch gwies sicherer als d'Pille.**

*Die ald Bloder isch's iiberzeugendschte
Argumend fier getrennte Bedda!*

DIE ALD SCHRABNELL SPRICHT VIER
SCHBROOCHA: SCHWÄBISCH, HOCHDEITSCH,
DURCH D'NAS OND IEBER D'LEIT.

Die isch a rechte Graddlhubere!
Die moint ao, ihr ghert dr ganze Flecka –
bloß weil dr Vaddr a paar Äcker hot.

**Die isch au so a Dädääle! Wenn de sell
scharf agucksch, no isch se scho narret.**

Über d'Fraua schempfa ond herzieha

DIE ISCH SO LAHMARSCHICH, DERA KAASCH
ONDERWEGS D'SCHUAH AUSZIEHA.

Was nutzt die scheenscht Schüssel,
wenn nix dren isch?

**Die kennt als Feierspuckere ufftreta,
ohne zvor a Gosch voll Spiritus
zom nemma.**

*Wenn d'Weiber oms Feier romschtandet,
no moint a jede, se misst au a Scheitle
neischmeißa.*

WOROM SOTT I UFF DERA IHR BEERDIGONG
GANGA? DIE GOHT JA AO NET UFF DE MEI.

Dera ihr Visaasch an dr Kellerdrebb, no
kommet d'Kartoffla gschält ruff.

Bass bloß uff – die hot en Hosadierlesblick!

*Dai Weib isch aber scho en rechter Besa –
ao net besser wie die mai!*

Über d'Fraua schempfa ond herzieha

Oin oinzger Daag ohne die isch wie
en ganzer Monat Urlaub.

Dui hot mr grad no gfählt! Die isch so
willkomma wie en Aruf beim Schnackla!

Noi, Weibsleit sen net kombliziert.
Des isch ganz oifach: Wenn de en Fähler
machsch, entschuldig de! Wenn sie en
Fehler macht, entschuldig de!

Dui wär au besser dra, wenn se sich net
fier ebbes bessrs halta däd.

Jetz guck dr mol die Bohnaschdang a,
vorna ond henda ganz dr Vadder.

Die braucht koin Middlfenger.
Die ka des mit de Auga!

Jedes Mol wenn i die so aglotz, froog i mi:
Was hot ons d' Nadur dadrmit saga wella?

Über d'Fraua
schempfa
ond herzieha

Die kennt ao mol ebbes fier ihr Figur do,
die sieht aus wie en verloffener Backstoikäs!

Wenn die Schrabnell en Kerle aushält,
dr sell mog se wirklich.

Ond guck dr bloß mol dera ihre Kloider a!
Hot die a Wett verlora?

's gibt femf verschiedene Arta, sich bei ra Frau
zom entschuldiga. Koine drvo funktioniert.

DIE DAUBE SCHISSL WÜRD SUBBER
AUSSEHA IN EBBES LANGEM, FLIESSENDEM:
EM NECKER ZOM BEISCHBIEL.

Schee senga ka se net, aber wiaschd pfeifa.

Guck dr se doch a:
Scheene Kloider entschdellt nix!

Schlecht säha dud die ao emmer besser!

Wie mr sich gscheit gega Fraua wehrt

Wia mr sich gscheit gega Fraua wehrt

Dich soll doch's Mäusle beißa!

**Was gibt's denn sonscht no
für alde Ruina em Städtle außer dir?**

*Du alte Häfelesglotzere
kenntesch ao z'erscht amol dai eigene
Kehrwoch macha!*

KOMM HER OND LANG MIT NA!
VOM WEGGLOTZA WIRD'S AU NET BESSR!

Du bisch so grazil wie a Rehle –
oder wie hoißt des Viech mit dem Rissl?

**Was dein isch, isch au mein –
ond was mir ghert, goht di no lang nix a!**

*Du hosch doch des Johr femf Kilo abnemma
wella. Fehlet bloß no zwelf.*

WENN DE BEWONDERT WERDA
WILLSCH, MUSCH NACH INDIEN FAHRA
OND »MUUUH« MACHA.

Wia mr sich gscheit gega Fraua wehrt

Jetz sei koi Chrischtkendle!
Do kenntsch grad narret werda!

Du kaasch mi (fei) amole gern han!

Dir zoig e glei, wo dr Barddl dr Moscht holt.

Wenn de henter meim Buggl schwätsch,
no schwätsch mit meim Fiedele.

Jetz heer uff zom Goscha
ond du deine Ärm wieder ronder.

Bass bloss uff, Mädle.

Schwätz koin Babb! Wenn dr Hond net
gschissa hätt, no hätt'r dr Has verwischt.

Du wirsch bschdemmt amole hondert —
siehsch ja heut schon aus wie neinaneinzig!

Frieher warsch bildschee.
Heut isch bloß no dai Bild schee.

Wia mr sich gscheit gega Fraua wehrt

Für di sott's rote Rosa regna.
Aber glei mit dr Vas dromrom!

Glei kommt dr Bus. Kaasch de iberfahra lassa.

HA DU BISCH AMOL A BLEEDE
EVOLUTIONSBREMS!

Dir du i glei dr Roscht ra!

Wenn Dommheit weh do däd,
no dädsch du dr ganze Daag schreia.

Du machsch me no ganz blemblem!

ÄLLES GHERT DIR,
WAS D'HENNA LEGET, BLOSS D'OIER NET!

Bei dir isch sogar scho dees,
was de denksch, verloga!

Mach koine Fisemadenda!

Wia mr sich gscheit gega Fraua wehrt

Dir muaß mr ao s Deckele vom Häfele lupfa.

DES ISCH A ABSOLUUDS OODENG!
JETZ HEERT NO GLEI D'FRAINDSCHAFT UFF!

I zoig dr glei, wo dr Bartl dr Moscht holt.

**Jetz ka i gar nemme!
Du bisch fei a beese Krankhait!**

Dir dräh i glei dr Graga rom!

DENK DRA, BEVOR DE SCHWÄTSCH:
Z'ERSCHT D'ZONG ENS HIRN NEIDONKA!

So a saudomms Gfrätt!
Verzähl ebbes Gscheits!

**Du bisch a Weib wie a Chrischbaimle.
Du läsch dr ao älles uffhänga.**

*Was du dr ganze Daag schaffsch,
machet andre beim Zwelfeschlaga.*

Wia mr sich gscheit gega Fraua wehrt

ALT OND GRAU DERFSCH WERDA,
ABER BLOSS ET FRECH!

Mach me net narret!

**Hemmelaberao! Ihr Weiber denket
anderscht wie mir Menscha.**

*Was bisch denn so bruddelig?
Kaasch's net voll verheba?*

WENN DE NET MIT MR KLARKOMMSCH,
MUSCH NO A BISSLE AN DIR ARBEITA!

Bei manche Leit isch a Hirnschlägle
en voller Schlag ens Leere.

**Bla, bla, bla! Du Laberdasch!
Wenn mei Dande a Spitzle hätt,
no wärs mai Onkl.**

*Kaasch nemme uffhera,
du alder Schleckhafa?*

Wia mr sich gscheit gega Fraua wehrt

I han a Foddo von dir an dr Stiegatür, damit koine Rattaviecher ens Haus kommet.

I seh ebbes, was du net siehsch. Guat aus!

HEUL RUHIG NO A BISSLE, NO MUSCH NEMME SO VIEL SOICHA.

Mach no so weitr! Dir werd i glei s Gweih verbiega.

Die meiste Menscha hen ihrn Meggl net zom Denka sondern zom Nicka. Ond du bisch ao so oine!

Rutsch mr doch dr Buggl nuff!

WAS DU DO SO ÄLLES RAUSSCHWÄTZSCH, DEES ISCH AN RECHDR DREGG!

Hol mir bidde mol gschwend ebbes zom trenka – du wirsch scho wieder hässlich.

Wia mr sich gscheit gega Fraua wehrt

SELL KAASCH DOCH NET FRESSA –
DES SCHMECKT WIE EIGSCHLOOFENE FIASS!

Leg de na! Ziah de aus!
I mecht mit dir schwätza.

Mensch, ärger de net. Äger andre!

Ond? Was ziehsch du heit a?
Bschdemmt wieder lautr Idiota,
Matschos ond Schbenner!

WENN DE MIR NET GLAUBSCH,
NO LIAG I DE HALT MIT EBBES ANDERM A!

Beese Ausdrick · Fier beese Weiber

Alde Schadull

Daube Babbelgosch

Wiaschde Dengere

DORFSCHELL

Butzdeifel

Maulschellagsicht

Dromsel

FARBASCHACHDL

Bleede Gratzbirschd, bleede

Heulkachel

Allbachene Hutzl

FLÄDERWISCH

Beese Ausdrick ·
Fier beese Weiber

BESA

Zibeb

Alds Chrischtkendle

Fleckaräätsch

BEESE GIFTSCHBRITZ

Daagblättle

Gommel

Schmärre

DAUBE HENN

Blooder

Habergoiß

Ripp

Beese Ausdrick ·
Fier beese Weiber

Greislicher Kirchadragoner

Krampfbolla

Goschere

ALDER NEIDKRAGA

Narrete Krampfhenn

Krawallschachtel

Daube Butznärre

ALDE SCHLAWACK

Kuttel

Landpommeranz

Schbennete Ragall

HUDDEL

Beese Ausdrick · Fier beese Weiber

MAULSCHNALL

Beese Schädderbix

Daube Schell

Beisszang, elende

GRADDLHUBERE

Schlabbergosch

Greisliche Schnalla

Schnäpperbix

JESAS FETZAMÄDLE

Schwantzkachel

Alde Dräggschleidr

Schwertgosch

Schbinatwachtl

Traatschkachl

Plärrhafa

ALDE VOGLSCHAICH

Schwatzbaas

Oaschdändiger Poussierschdengel

Wiaschde Weddrhex

Männer deen sich guat ergänza.
Was dr oi net ka, ka dr ander au net.

**Bei dem hoißt's ao: Studiert bis an dr Hals
na, ond dr Kopf isch a Rendvieh blieba.**

*Der hot bloß zwoi Händ – zom Nemma ond
Bhalta, aber koine zom Gäba ond Schenka.*

DEM HOT DOCH D'KATZ ENS FEIERZEIG
BRONZT!

Bachel wie den hot mr frieher
bis zum Hals eigraba, ond was rausguckt
hot, hosch oifach wegdappt.

Dem lauft dr Rotz vierspurig d'Backa nuff.

*Ha, so en Dommbeitl. Des isch grad so
als guggd en Ochs en'd Abodeeg nei.*

DER KENNT AO NET DR ONDERSCHIED
ZWISCHA KOSCHTALOS OND OMASONSCHT!
BILDONG ISCH KOSCHTALOS. ABER BEI
DEM ISCH ÄLLES OMASONSCHT!

Über d'Mannsleit
flucha ond stenkra

So en Geizkraga!
Der dreht dr Cent zwoimol om,
bevor er'n wieder eisteckt!

Net jeder isch a Ma, wo a Weib hot.

**Dem sei Bleedheit hert erscht uff,
wennr die Tulpazwiebla von onda oguckt.**

*Vor dem musch uffbassa, dees isch en
ganz eidiepfter Kerle – zerscht duad'r schee,
ond hendarom haut er de en d'Pfann.*

Dem sei Weib kocht au wiedr
a Bruddlsupp, wenn'r bsoffa von
dr Boiz hoim kommt.

Der isch ao am liabschta do, wo scho
gschafft isch ond no net gveschbert.

**Hauptsach, der isch xond,
hat guate Schuah ond ka dr Ärbet
drvo laufa!**

Dem seine Oier hen zwoi Dotter.

Über d'Mannsleit flucha ond stenkra

Der kriegt aber ao nix na!
Dees isch wie maim Daggl saga,
er sott uff d'Wirschd uffbassa.

**Seller isch so bleed, der hockt uff em
Kannapeeh ond zählt seine Ärm.**

Den hann e auf dr Latt.

VO MA OCHSA KA MER NET
MEH VERLANGA WIE A GUATS
SCHDICKLE RENDFLOISCH.

So a Schlaule. Dem sei Nas hockt ao bloß
mitta em Gsicht.

**Den kaasch net braucha –
der hot zwoi lenke Hend.
Ond dia no em rechda Hosasack.**

*Je öfter dem sein Grend en dr Zeidong
kommt, desto öfter butzet d'Leit ihr'n
Arsch mit em ab.*

DEN KA I NET VERBUTZA.

Über d'Mannsleit flucha ond stenkra

DER ISCH SO DRUFF, DER DÄT SICH FÜR FEMF
PFENNIG A HEBEISA EM ARSCH ABBRECHA.

Wenn der gwisst hätt, dass Wasser so guat
schmeckt, hätt der sicher sei Häusle no.

**Den soicht koin Hond meh a.
Um den machet älle en Boga.**

*Mit dem, was der net woiß,
kennet zehn Leit en dr Schual sitza bleiba.*

DER DÄD SCHO GERN SCHAFFA –
BLOSS IN ÄRBET DERFS NET AUSARTA.

Der Dämlack isch wie en Furz en dr Latern:
Der leichtet kurz uff ond no schtengd'r.

**So en Dommschwätzer! Freile,
mr ka älles macha – sogar brotene Eiszapfa.**

*Was entressiert des mi, was der secht ond moint.
Der isch doch net von da, sondrn bloß so en
bleeder Drhergloffner! En Außerschwäbischer.*

Über d'Mannsleit flucha ond stenkra

Der führt a Doppelleba.
Der faulenzt für zwoi.

**Ha so en Indelligenzallergiker wie den
han i ao no net gsäh!**

*Wenn Dommheit a Fahrrädle wär,
miaßt der Seggl bergauf no migga.*

DER FÜHRT SICH UFF WIE DR FUCHS
EM HENNASCHDALL.

Guck dr'n doch a: Wo dr Wai neilauft,
lauft dr Verschtand naus.

**Der gibt jeden Euro zwoimol aus
ond läbt vom Rausgeld.**

*Wemmer dem a Geldschdickle
en Arsch klemmt, no goht die
ganz' Prägung naus!*

DER HOT NIX ZOM SAGA OND
WOISS AU NET, WIE.

Über d'Mannsleit flucha ond stenkra

HA DER ISCH VIELLEICHT EN
GRIFFLSCHBITZER, DEM KAASCH AO GAR NIX
RECHT MACHA.

Des isch so en Kimmichschpalter,
der druggd au ama Furz zwoimol.

**Guck den a! Der hot meh Verstand
em kloina Fenger als du Grasdaggl
em ganza Grend.**

*Wenn der a Mugg verschluckt, hot'r meh
Hirnschmalz em Ranza als em Grend.*

DER ISCH DOCH Z'DOMM ZOM A LOCH
EN DR SCHNAI BRONZA.

Ha so a Gschleng. Vo dem seim
Roschdbrooda hosch zwoi Dääg
Musglkaader en dr Gosch.

**Der isch so bleed ond oaisichtich ond hot
drzua en Horizond von ra knieenda Amais!**

's schtoht halt älle Daag en Dommer uff.

Über d'Mannsleit flucha ond stenkra

An dr Kopfärbet isch scho mancher Ochs
z'grond ganga.

**Der schwemmt glei wie en Wetzsschdoi!
Net weit, aber diaf!**

*Ha so en dauber Seggl so ein dauber,
mit dem kaasch aber ao gar nix afanga.*

DER ISCH SO BESCHTÄNDIG
WIE DR BUDDER EN DR SONN!

En Kerle wie em Heiland sein Gaul!

**Der ka essa ond trenka, was'r will,
der hot am Schaffa oifach koi Fraid.**

*Der isch doch z'domm zom zeah heeniche
Gees ema eigmachta Garta zom hiata.*

NET JEDER ARMLEICHTER
ISCH A GROSSES LICHT!

Der ka schiddla wie er mecht,
der letschde Tropfa bleibt en dr Hos.

Über d'Mannsleit
flucha ond stenkra

**I woiß worom der Kerle O-Fiaß hot.
Weil älles Owichtige en Klammra schtoht!**

Der ka senga wie a Sau krebsla.

O DU LIABE BLEEDHEIT, VERLASS DR SELL
NET. SONST ISCH'R JA GANZ ALLOI.

Wann de ao emmer en Fraind brauchsch:
Nemm net dr sell. Kauf dr liaber en Hond.

Der lauft drvo wie d'Sau vom Trog.

*Der moint ao, er sei dr Pederleng
uff älle Suppa.*

S ISCH GUAD, DASS'R GSCHDORBA ISCH,
ER HÄTT SOWIESO NEMME LANG GLÄBT.

Der moint au, er sei dr Käs –
drbei schdenkt'r bloß!

**So en Muggamelgr! Hauptsach er isch
xond ond sei Weib hot a Ärbet.**

Über d'Mannsleit flucha ond stenkra

Der Nosagrubler sieht's dr Kuah am Eidr a,
was dr Budder en Paris koscht.

DER SCHNEID' SICH ENS OIGENE
RENDFLOISCH!

Wenn i den em Arsch hätt,
i däd'en bis nach Rom scheißa!

Mannsleit sen wie a Waschmaschee —
wenn de se amachsch, drehn se durch.

Wia mr am beschta Männer b'schempft

Wia mr am beschta Männer b'schempft

Bleeder Seckl, bleeder!

**Deine Kender hen d'Indelligenz
ao net mit Leffl gfressa – koi Wonder,
dr Vadder isch ja au en Quadratsembl.**

*Du wärsch fei echt a Pfondskerle,
wenn de net wärsch, wie de bisch.*

WENN I MIT DIR FERTIG BEN,
NO BASCH EN A
SCHDREICHHOLZSCHÄCHDELE NEI.

I han echt Schwierigkeita,
mir dein Name zom merka.
Ka i oifach »Seggl« zu dir saga?

Di nemme glei ens Schwitzkäschdle.

*Hosch du en Bruader?
Weil, oiner alloi ka doch net so bleed sei!*

DIR HÄNGE'S KREIZ AUS, DASS DE DR ARSCH
EN DR SCHLENG HOIMTRÄCHSCH.

Wia mr am beschta Männer b'schempft

Wenn Bleedheit Fahrrädle fahra kennt,
müsstesch du dr Buggl nuff bremsa.

Noi, du bisch koi ganzer Idiot.
Da fehlet no a paar Doil!

Ein Laib Brot ka schemmla.
Ond was kaasch du?

Wenn Dommheit kloi wär, kenntesch du
onderm Debbich Fallschirm schprenga.

I hau dr a Däll en Schädl,
dass dr Rega dren schtanda bleibt.

Du bisch so en granada Bachl,
du brauchsch a Wurschd bloß aglotza
ond scho zerfallt se en lauter Rädle.

So isch's recht, due no fescht kotza –
no isch's Arschloch gschont.

I woiß, dass du net so bleed bisch wie
de aussiehsch. Des kennt koiner!

Wia mr am beschta Männer b'schempft

Drial net so! Gang ane en Schadda,
dass de d'Sonn net schdicht!

Du hosch doch en Furz em Hirn!

*Wenn Du so lang wärsch wie bleed,
kenntsch dr Mond am Arsch lecka.*

'S ISCH NET SO, DASS I DI NET MOG.
'S ISCH BLOSS SO: WENN DE BRENNA DÄTSCH
OND I HÄTT A WASSER, I DÄDS TRENKA.

I schlag de ogschbitzt en Boda nei.

**Mit ma Lechle em Henderkopf
kenntesch wenigschdens no als
Nischtkaschda für d'Veegl diena!**

*Du bisch zu ällem fähig,
aber zu nix zom gebraucha!*

DU FURZSCH ÄLLAWEIL EM BEDD
ONDERM DEBBICH – OND DA SOLL MR
EN DR FRIEH GUAT AUSSEHA?!

Wia mr am beschta Männer b'schempft

BÜRSCHLE, DU KAASCH GLEI WAS ERLEBA!
DU KAASCH ME GLEI VOM BODA AUS BETRACHTA!

Du bisch zu bleed,
om a leere Schublad uffzomräuma.

**I glaub di hot dr Dokter noch dr Geburt
drei mol hochgworfa – aber bloß zwoimol
uffgfanga!**

Schbannt dai Haut?
Brauchsch a Blatzwond?
Nommer zieha ond henda aschdella!

GUCK, DA KOMMT D'SCHDROOSSABAH.
DER GRANADABACHL BRÄUCHT JETZ
BLOSS NO EN DABBER ZRICK MACHA,
DAMIT'R SE NO KRIAGT.

Jetz friss net wie a Wutz – woisch net,
wie mer mit ma Bschdegg hantiert?

**Du hosch a bsondre Gab:
Bisch a Rendvieh ond woisch's net amol.**

Wia mr am beschta Männer b'schempft

DU ALDER SEGGL WÄRSCH AO
ERSCHT RECHT, WEMMER DI OBA
OND ONDA ABSCHNEIDA UND NO
D'MIDDE WEGSCHMEISSA DÄD.

Woisch was du bisch? Du bisch en Kerle
wie onserm Herrn Jesus sei Gaul.

I hao de glei em Vieregg rom.

*Wenn du so weitermachsch,
no häng i dir's Kreiz aus – no kaasch
dein Arsch en dr Schleng hoimtraga.*

DU REGSCH ME JESASMÄSSIG UFF!
GANG DOCH UFF D'AUTOBAH,
LICHTER FANGA!

Friss me net arm!

**Mit dir ka mr net schwätza.
Du bisch so a Schlaule, du hosch
en Indelligenzkwoziend so hoch wie
a Debbichkante!**

Wia mr am beschta Männer b'schempft

**Ja, hosch du denn Scheißdregg
uff de Glotzer?**

Dauber Denger, dauber.

Du wirsch amol ganz
schee domm gucka,
wenn de gscheit wirsch.

Wenn de mr dees net glaubsch,
no sag i's ma Badenser.
Der isch froh dra.

Schwätz kein Dreck an me no!

*Wieviel Eiro kriegsch du eigendlich
drfier, dass an daim Gsicht
Baseballschläger teschtet werdat?*

Du bisch mir a saubers Frichtle!

Kerle, wenn du so lang wärsch,
wie de domm bisch, no kenntesch
aus dr Dachrinn saufa.

Wia mr am beschta Männer b'schempft

Bass bloß uff, sonscht langt
dai Zaabirschd morga ens Leere!

Noi, du bisch koin Seggl,
aber so wie du sehn se aus.

Du kaasch me mol kreizweis
am Arsch lecka!

Was glotzsch denn so?

Ond was moinsch du als Obeteiligter
zom Thema Indelligenz?

Komm no her!
Scho mol en Litr Bluad durch
dr Zenka gschbendet?!

Langsam, do kommscht au hoim –
aber a Schtond später! Du Trialer!
Pinktlich sottsch sei!

Dir werd e glei oine zenda.

Wia mr am beschta Männer b'schempft

Du bisch doch dr letschde Seggl.

I hau dr glei ois uff d Gosch.

Woisch du, wie mer dai Hirn uff Erbsagröße brengt? – Uffbloßa!

I VERGISS KOI VISAASCH.
ABER EN DAIM FALL WERD I MOL
A AUSNAHM MACHA.

Such drs raus: Du kaasch
Bombo ond Maulschella han.
Bombo sen aus ...

**Verzähl mr nix!
Do miaßtet scho Gärtner komma
ond koine Setzleng!**

Was bisch'en du fier oiner?!

SAMMOL, ISCH HEIT
EN BSONDRER DAAG ODER BISCH
DU EMMER SO BLEED?

Wia mr am beschta Männer b'schempft

Sei fei bloß fraindlich
ond ao a bissle nett. Vielleicht ben
i ja mol dei Nachtschweschdr.

WENN DU DENGR ZUA
MEINR DENGERE DENGERE
SAISCH, NO SAG I ZU DEINER
DENGERE AU DENGERE!

Fier bleede Kerle · Direkt ens Xicht

Fier bleede Kerle · Direkt ens Xicht

Pfengschdochs

Affagsicht

Heggabeerlesbronzer

Entaklemmer

Bachl

Bleede Sau, bleede

Bronzmichl

Rabblkaschbr

Dabbsack

Allmachdsdaggl

Daagdiab

Fier bleede Kerle ·
Direkt ens Xicht

ALLERWELTSGSCHEITLE

Blooggoischt

Doigaff

Heidahond

DOMMER ZIPFL

Elender Drialer

Bähmulle

Erdafetz

BRÄSCHDLENGSHÄUFLER

Erdaschbitzbua

Blockflötagsicht

Fier bleede Kerle · Direkt ens Xicht

Erzschlawiner

Fetzaberger

Schoofseggl

Ärschlesschlupfer

Sembl

Früchtle

Furzklemmer

Gischpelhannes

Allmachdsbachl

Glufamichl

Du Heilandsagg, du liaderlicher

Granadadackl

Bananabieger

ALLMACHDSSCHLAMBR

Schnookahuschter

Fier bleede Kerle ·
Direkt ens Xicht

Hamballe

Bullabeisser

Hoaraff

i-Dipfeles-Scheißer

Armleichtr

Jenseitsbachl

Lällabäbbel

Loahle

Grasdaggl

Lugabeidl

Nasagrubler

Fier bleede Kerle ·
Direkt ens Xicht

Obergscheidle

Bauralackl

Plooggoischd

GSÄLZBÄR

Bauratrambl

Quadratsembl

Randschdoischlotzer

HOHLGASSAKNALLER

Saftarsch

Scheraschleifer

Arschbaggagsicht

BREZLSALZGRUBLER

Halbdaggl

Suppakaschber

Arschkipf

WENDBEITL

Du Zipfl

Dees sag i dir •
Dees glaubsch
du mir

Aus Feler lern..., aus Feeh..., aus Fä...,
aus Vel..., Scheissdrägg!

Grad zom Bossa!

Noi, i komm no net hoim!
En halber Balla isch nausgschmissas Geld!

Mr muass ao mol die Schuld
bei andre suacha.

I ben net wie die andre.
I ben schlemmer.

Des gschieht meim Vadder
grad rechd, wenn's me friert –
worom kauft'r mir ao
koine Hendschich.

Drei Johr hen se's Michele mit mr trieba,
aber i han's glei gemerkt.

Ja, om dr Hemmelswilla!

Dees sag i dir · Dees glaubsch du mir

I HÄTT MOL WIEDER LUSCHD, EBBER ZOM
TREFFA. MIT MA SCHDOI ODER SO.

I glaub i han Tinnitus uff de Auga.
I seh lauter Pfeiffa!

Jetz goht mir no glei dr Gaul durch.

Noi, s liegt net an dir – s liegt an mir:
I han oifach ebbes Bessers verdient!

DO KENNTSCH UFF DR SAU NAUS!

Fixhallelujaleckmiamarsch-
scheißglombverregts!

Ja so a Glomb, so a elends.

Noi, i ärger me net! 's isch grad recht, dass
d'Goiß verreckt isch, 's Hai isch eh so rar.

WENN ÄLLE DÄDET, WAS SE MI KENNTET,
KÄM I DR GANZE DAAG NET ZOM SITZA.

Dees sag i dir · Dees glaubsch du mir

Dreimol abgsägt ond emmer no z'kurz!

Mit mir isch heit net guad Kirscha essa.
Schogglad goht.

DONDERLADDICH NOCH AMOL!

Mai liaber Scholli!
I ben die Krone der Erschöpfong.

En Scheißdregg werd i!

Äll Furz verzehlt mr mir
an andra Scheiß!

HA NO! SO EBBES ABER AO.
I KENNT ME UFFREGA!

Do kenntsch grad brilla!

I gher zur Gruppe von de Besserverdiener.
I verdien ebbes Bessers!

Dees sag i dir ·
Dees glaubsch
du mir

Emmer s gleiche!
Uff den Gaul, wo ziagt, haut mr nei.

MEI LIABER HERR GESANGSVERAI!
DO HILFT ÄLLES BÄTA NIX!

Jetz isch aber gnuag Heu honda!

I ka's nemme mit agucka.

Dees sag i dir · Dees glaubsch du mir

Heerat uff!
Des Gseier macht me ganz schalluh.

NOI, I BEN NET FETT!
SCHLANKE MENSCHA SEN BLOSS
Z'FAUL ZOM ESSA!

Ha, des isch doch Wasser en Bach na traga!

Jetz werd i aber langsam bees.

Ihr sen doch älle zamma
bluadiche Hennakepf!

JA DU LIABS HERRGÖTTLE VO BIBERACH!

Hebet me, i vergess me!

Domm schdella isch leichtr wie gscheid sai.

I han Honger.
Was isch jetz – machet mr Spätzle
oder fresset mr dr Doig so?

Dees sag i dir · Dees glaubsch du mir

**I kaas net leida,
wenn außr mir nix Siaßes
em Haus isch.**

*Der Daag ka scho amole ohne mi afanga.
I komm no schbäter nach!*

No koin Neid! Koiner hot se wella,
aber i han se glei kriagt.

Was nutzt dr scheenschte Urlaub,
wenn sich koiner vo deine Fraind
drieber ärgert?!

I kennt glei uff dr Sau nausfahra.

*Noi. I streit mi net! I versuch bloß
zom erklära, worom i Recht han.*

Wenn no älle so wäret,
wie i sei sott!

Ja jetz leck me doch glei am Arsch!

Dees sag i dir •
Dees glaubsch
du mir

DO KOMMT DOCH KOI SAU DRAUSS!

I fühl mi oft overschtanda.
Ben vermudlich a Schenie!

**Noi, Nasaweis ben i koiner,
bloß wissa mecht i älles.**

Vor sich na gfluucht · Net emmer so gmoint

Vor sich na gfluucht · Net emmer so gmoint

Kreizdeiflaberao!

Allmachdsjenseitz-gottesdopplwegga!

Bombagranadaelement-blitzblotzdonnerwetter-sappermentnochamol!

HEMMELARSCHONDZWERN!

Heilix Blechle!

So a Allmachtsglomb!

Jajetzleckmedochgleiamarsch!

SO EN BOGGMISCHD!

Hurasaggramend!

Goddverdammichheidabimbam-saggzemendaberao!

So a Gfrätt!

HERRGOTTSKREIZ-
DONNDERWETTERABBERAO !

Heidaguggugaberao!

Granadasauerei!

Jawennodeesganze-
glombdrdeifelholadäd!

SO A KUGLFUHR!

Heilandsdonnderwetter!

Hemmelarschondwolgabruch!

Herrgottzagg!

SO A LETTAGSCHWÄTZ!

Huraglombverreggts!

Vor sich na gfluucht · Net emmer so gmoint

Donderblitz!

Herrschaftseggsr!

Jadokenntschdoch-
glattuffdrsaunaus!

So en Lombagruuscht,
so en verreggdr!

**HemmelHerrgottSaggramend-
LeckMeAmArschScheißGlombVerreckts!**

So en Bäbb!

Jasoaglombsoaelends!

Kreizgrabbasaggaberao!

Heilandzagg!

Leck's Fiedle!

Vor sich na gfluucht · Net emmer so gmoint

O liabs Herrgöttle vo Biberach!

Jaschlagmisblechle!

So en Sausoich!

Donnderwetter nomol!

Saggzemendabbrao!

Scheißdreggsgranada-
huraglomb!

Jaomdrhemmelswilla!

Ha so en Firlefanz em Quadraad!

Scheissglombverreggts!

Do mecht oim s Fiedle schwätza!

**HemmelArschGreizdeifl-
FurzKanonarohr!**

Vor sich na gfluucht · Net emmer so gmoint

Mai liabr Scholli!

DEES ISCH ABER AO A AFFAKOMEDE!

Heidaschduagerd!

Kreizsaggzemend!

So en Schoofscheiß!